shores, horizons, voyages

shores, horizons, voyages
selected poems

Sophia
de Mello Breyner Andresen

translated by
Rui Cascais Parada

Orchid Press

Sophia de Mello Breyner Andresen
SHORES, HORIZONS, VOYAGES

English translation by Rui Cascais Parada
Cover design by Rui Rasquinho

Copyright © 8Editorial Caminho, SA, Lisboa–2001
by arrangement with Dr Ray-Güde Mertin,
Literarische Agentur, Bad Homburg, Germany.

Published by Orchid Press, 2005, 2022

ORCHID PRESS
P.O. Box 13447,
General PO,
Hong Kong
www.orchidbooks.com

This book published with the kind support of:

Orient Foundation   Instituto Português do Oriente - IPOR

FUNDAÇÃO
ORIENTE

INSTITUTO PORTUGUÊSE DO ORIENTE
東方葡萄牙學會

ISBN: 978-988-97764-4-2

TABLE OF CONTENTS

FOREWORD

When the idea came about of producing a series of bilingual editions with the purpose of introducing modern Portuguese poetry to Asian readers through the vehicle of English translation, we chose almost immediately an anthology of poems by Sophia de Mello Breyner Andresen (1919-2004) who is, very likely, one of the most universal, approchable, poetic voices of modern Portuguese literature.

One of the main features of Sophia's work is a marked, albeit effortless, distance from any allegiance to a particular aesthetical trend, school or group.

In her poetry – particularly in this selection – there is much of the Atlantic horizon of the far southwest of Europe, and also of the enclosed, sharp blueness of the Mediterranean.

From an early age she wrote about the sea, a space, a presence, as boundless, familiar, and daunting, as language itself.

Throughout her whole life, she returned once and again to the shore, to the water's edge, and to the edge of the page, to re-enact the challenge of writing and to commune with the genius loci of islands, beaches, headlands.

By choosing her poems, we intend to pay homage not only to a literary career but to someone who made a point of not separating art and life. Sophia de Mello Breyner did bind the two with a luminous ethical presence.

Ana Sofia Abreu de Carvalho
Coordinator of the Portuguese Cultural Center Ica-Ipor
of the Embassy of Portugal in Bangkok
Bangkok, June 2005.

A BRIEF CHRONOLOGY

1919 – Born in Porto, north of Portugal, on November 6.
1926 – Attends the College of the Sacred Heart of Mary, in Porto until she is 17. At 12 writes her first poems. Period of fertile poetic production between 16 and 21.

1936 – Studies Classical Philology at the University of Lisbon although not finishing her degree. Three years after, Sophia returns to Porto and lives in that city until her marriage to Francisco Sousa Tavares. She bears five children.

1944 – Publishes a 300 copies author's edition of her first book *Poesia/Poetry*. The work contains some poems written at 14. A brilliant career as a writer and translator begins.

1947 – *O Dia do Mar/The Day of the Sea*, published by Ática.

1950 – *Coral*, published by Livraria Simões Lopes.

1954 – No Tempo Dividido/*In The Divided Time*, published by Guimarães.

1956 – *O Rapaz de Bronze/The Bronze Boy* (children's literature), published by Minotauro.

1958 – *Mar Novo/New Sea*, published by Guimarães; *A Menina do Mar/The Little Girl of the Sea* (children's literature), published by Figueirinhas; *A Fada Oriana/ The Fairy Oriana* (children's literature), Published by Figueirinhas.

1960 – *Noite de Natal/Christmas Eve* (children's literature), published by Ática.

1961 – *O Cristo Cigano/The Gipsy Christ*, published by Minotauro.

1962 – *Livro Sexto/Book the Sixth*, published by Salamandra, awarded the Great Prize of Poetry of the Portuguese Society of

Writers in 1964; *Contos Exemplares/ Exemplary Tales* (fiction), published by Figueirinhas.

1964 – *O Cavaleiro da Dinamarca/The Knight of Denmark* (children's literature), published by Figueirinhas.

1967 – *Geografia/Geography*, published by Ática.

1968 – A Floresta/The Forest (children's literature), published by Figueirinhas; *Antologia/Anthology*, published by Portugália.

1970 – *Grades/Bars*, published by D. Quixote.

1972 – *Dual*, published by Moraes.

1975 – Publishes the essay *The Nude in Classic Antiquity*. Member of parliament for the Socialist Party.

1977 – *O Nome das Coisas/The Name of Things*, published by Moraes, and awarded with the Teixeira de Pascoaes Prize.

1983 – *Navegações/Navigations* (published by IN-CM), receives the Critics Award of the Portuguese Centre of Literary Critics.

1984 – *Histórias da Terra e do Mar/Story of the Land and the Sea* (fiction), published by Salamandra.

1985 – *Árvore/Tree* (children's literature), published by Figueirinhas.

1989 – *Ilhas, Texto/Islands, Text* receives the D. Dom Dinis Award, the Casa de Mateus Foundation Award and the Inasset-INAPA Award (1990)

1990 – Collects her complete work in three volumes of *Poetic Work* published by Caminho; receives the Great Prize of Poetry of the Pen Club.

1992 – Grand Prize Calouste Gulbenkian of Children's Literature.

1994 – *Musa/Muse*, published by Caminho. Receives the Literary Life Award of the Portuguese Writers Association. Releases *Signo/Sign*, a book/record with poetry read by the actor Luís Miguel Sintra, published by Presença/Casa Fernando Pessoa.

1995 – Honor Plaque of the Petrarca Award, received in Italy.

1996 – Homage by Carrefour des Littératures, at the 4th Portuguese Spring of Bordeaux, Aquitaine.

1998 – *O Búzio de Cós/The Shell of Kos*, published by Caminho, awarded the Prize of the Luís Míguel Nava Foundation.

1999 – Camões Prize.

2004 – Sophia de Mello Breyner Andresen died in Lisbon on July 2nd, age 84.

THE LINEN THREAD OF POETRY

In 1964, upon receiving the Great Prize of Poetry from the Portuguese Society of Writers, for her work *Livro Sexto*, Sophia de Mello Breyner Andresen evoked:

'The farthest of my recollections is of a room facing the sea. Inside, upon on a table, an apple, red and massive. The glow of the sea and the red of the apple exuded an irrefusable joy, naked and whole. It wasn't anything fantastic, it wasn't imaginary: it was the very presence of the real that I was discovering.

Later on, the work of other artists confirmed the objectivity of my own look. [...] For me, poetry has always been a tracking down of the real. A poem has always been a circle drawn around a thing, a circle where the bird of the real gets caught. [...] Whoever sees the immense splendour of the world is logically lea to seeing the immense suffering of the world. Whoever sees the phenomenon wants to see the entire phenomenon. It is just a matter of attention, of sequence, of rigor...'

At another moment, Sophia speaks of poetry as the 'art of being'. In fact, many of the poems in *shores, horizons, voyages* resound with an ontology of the here and now, and, in that sense much of the aesthetic, theoretic, and emotional devices of the poet are made to recede clearing out a space of objectivity, a lush bareness, a theater for the incandescent solitude of things: 'I am here for things to see themselves'.

Other poems, however, seem to take a road different from that peculiar ministry: one of addressing myth, memory, the presence of other poets, such as Pessoa evoked on the Aegean island of Hydra; as it were, Sophia's universality – which, I

5

believe, owes equally as much to a severe simplicity - derives from the exchange with the mythic, philosophic and mystic tradition of the Eastern Mediterranean, whose pantheon and themes share, in many respects, a common genealogy with those of deeper Asia. Thanks to the 'linen thread' of her poetry we may suddenly become aware of a labyrinth, a web moreover, of great antiquity. A labyrinth of which we are citizens.

Others poems, still, combine the pure circle drawing with the visitation of history as, at the same time, they allow the personal to seep into their texture. It is as if Sophia de Mello Breyner was the recipient of an oceanic education which we witness and join in the minute commemoration that her poems are.

All these approaches to the writing of a poem can be found in this selection based on the anthology *Sea*, organized by Maria Andresen de Sousa Tavares (the author's daughter) in the year 2000 at the request of the poet, and published that same year by Editorial Caminho in Lisbon.

In it there is poetry from 1944 to 1994 written by one of the most remarkable women in Portuguese literature, who started to weave her *opus* from a very young age and kept writing over the course of six decades.

Although building blocks of diverse provenance go into constructing these poems, their touchstone is oceanic, maritime in tone. As such, the present selection follows the anthology closely although, as the work went on, a decision eventually imposed itself to leave out the cycle *Navegações/ Navigations* and the poem *Azores*.

There is a reason for this. As much as one may wish to believe that there aren't untranslatable texts, failure is often impossible to negotiate when aiming at more than just a mere reflection of the original – however adequate – but rather at a text that sets the conditions for the author's persona to resonate in a particular zone of a new language. Such was the case with the series *Navigations*: a translation was indeed possible but, unless the original had been left utterly behind, the poems didn't find a sufficiently satisfactory place in English.

For the translator, a confession of loss; for the poems at stake – left untouched – the chance of encountering safer passage, and survival, in other coordinates.

As Sophia de Mello Breyner uncompromisingly laid out: 'Words must be exactly those we have conquered. Not only the words we know, but those that lived and will live with us.'

I believe the same injunction should apply to the work of the translator.

Rui Cascais Parada
Bangkok, May 2005

SHORES, HORIZONS, VOYAGES

ATLÂNTICO

Mar,

Metade da minha alma é feita de maresia.

ATLANTIC

Sea

Half my soul is made of sea-air.

MAR

De todos os cantos do mundo
Amo com um amor mais forte e mais profundo
Aquela praia extasiada e nua,
Onde me uni ao mar, ao vento e à lua.

SEA

Of all corners of the world
I love with a stronger and deeper love
That beach ecstatic and naked,
Where I bonded with the sea, the wind and the
moon.

MEIO-DIA

Meio-dia. Um canto da praia sem ninguém.
O sol no alto, fundo, enorme, aberto,
Tornou o céu de todo o deus deserto.
A luz cai implacável como um castigo.
Não há fantasmas nem almas,
E o mar imenso solitário e antigo,
Parece bater palmas.

MIDDAY

Midday. A corner of empty beach.
The sun upon high, deep, huge, open,
Cleared the sky of any god.
Light falls implacable as a punishment.
There are no ghosts or souls,
And the sea immense, solitary and ancient,
Seems to applaud.

ESPERO

Espero sempre por ti o dia inteiro,
Quando na praia sobe, de cinza e oiro,
O nevoeiro
E há em todas as coisas o agoiro
De uma fantástica vinda.

I WAIT

I always wait for you the entire day
When at the beach, in grey and gold,
The fog rises
And in all things is the presage
Of a fantastic coming.

CASA BRANCA

Casa branca em frente ao mar enorme,
Com o teu jardim de areia e flores marinhas
E o teu silêncio intacto em que dorme
O milagre das coisas que eram minhas.

WHITE HOUSE

White house in front of the huge sea,
With your garden of sand and marine flowers
And your intact silence in whom sleeps
The miracle of things that were mine.

NO ALTO MAR

à memória do meu Pai

No alto mar
A luz escorre
Lisa sobre a água.
Planície infinita
Que ninguém habita

O Sol brilha enorme
Sem que ninguém forme
Gestos na sua luz.

Livre e verde a água ondula
Graça que não modula
O sonho de ninguém.

São claros e vastos os espaços
Onde baloiça o vento
E ninguém nunca de delícia ou de tormento
Abre neles os seus braços.

AT HIGH SEA

to the memory of my Father

At high sea
The light drips
Flat over the water
Endless plain
That no one inhabits

The Sun shines enormous
And no one draws
Gestures in its light.

Free and green the waters undulate
A grace that doesn't modulate
The dream of no one.

Clear and vast the spaces
Where the wind sways
Where in delight or sorrow no one
Ever opens their arms.

AS ONDAS

As ondas quebravam uma a uma
Eu estava só com a areia e com a espuma
Do mar que cantava só para mim.

THE WAVES

The waves crashed one by one
I was alone with the sand and with the spray
Of the sea that sang only for me.

MAR SONORO

Mar sonoro, mar sem fundo, mar sem fim.
A tua beleza aumenta quando estamos sós.
E tão fundo intimamente a tua voz
Segue o mais secreto bailar do meu sonho
Que momentos há em que eu suponho
Seres um milagre criado só para mim.

LOUD SEA

Loud sea, bottomless sea, endless sea.
Your beauty grows when we're alone.
And so deep your voice intimately
Follows the secretmost dancing of my dream
That moments are when I think
You're a miracle created only for me.

ESPERA

Dei-te a solidão do dia inteiro.
Na praia deserta, brincando com a areia,
No silêncio que apenas quebrava a maré cheia
A gritar o seu eterno insulto,
Longamente esperei que o teu vulto
Rompesse o nevoeiro.

WAIT

I offered you the aloneness of the whole day.
At the desert beach, playing with the sand
In the silence that only the incoming tide broke
Howling its eternal insult
Long I waited your shadow to come
Tearing the fog apart.

NAVIO NAUFRAGADO

Vinha dum mundo
Sonoro, nítido e denso.
E agora o mar o guarda no seu fundo
Silencioso e suspenso.

É um esqueleto branco o capitão
Branco como as areias,
Tem duas conchas na mão
Tem algas em vez de veias
E uma medusa em vez de coração.

Em seu redor as grutas de mil cores
Tomam formas incertas quase ausentes
E a cor das águas toma a cor das flores
E os animais são mudos, transparentes.

E os corpos espalhados nas areias
Tremem à passagem das sereias,
As sereias leves de cabelos roxos
Que têm olhos vagos e ausentes
E verdes como os olhos dos videntes.

SUNKEN SHIP

Came from a world
Of sound, sharp and dense.
And now the sea hides it in its depth
Silent and suspended.

The captain is a white skeleton,
White as the sands,
Two shells in his hands,
Seaweed for veins
And a medusa* for a heart.

Around him thousand-coloured caves
Take on uncertain shapes almost absent
And the colour of the water takes on the colour of
flowers
And animals are mute, transparent.

And the bodies scattered on the sands
Tremble as sirens glide past,
Weightless purple-haired sirens
Who have eyes vague and absent
And green as the eyes of clairvoyants.

ENDYMION

Por ti lutavam deuses desumanos.
E eu vi-te numa praia abandonado
À luz, e pelos ventos destroçado,
E os teus membros rolaram nos oceanos.

ENDYMION*

For you inhumane gods fought.
And I saw you on a beach abandoned
To the light, and shattered by the winds,
And your limbs rolled on the oceans.

DIA DO MAR NO AR

Dia do mar no ar, construído
Com sombras de cavalos e de plumas.

Dia do mar no meu quarto – cubo
Onde os meus gestos sonâmbulos deslizam
Entre o animal e a flor como medusas.

Dia do mar no ar, dia alto
Onde os meus gestos são gaivotas que se perdem
Rolando sobre as ondas, sobre as nuvens.

DAY OF THE SEA IN THE AIR

Day of the sea in the air, built
With shadows of horses and plumes

Day of the sea in my room – cube
Where my sleepwalking gestures slide
Between the animal and the flower like medusas.

Day of the sea in the air, tall day
Where my gestures are gulls gone lost
Rolling upon the waves, upon the clouds.

MOSTRAI-ME AS ANÉMONAS

Mostrai-me as anémonas, as medusas e os corais
Do fundo do mar.
Eu nasci há um instante.

SHOW ME THE ANEMONES

Show me the anemones, the medusas and the corals
Of the sea-floor.
I was born an instant ago.

MULHERES À BEIRA MAR

Confundindo os seus cabelos com os cabelos
do vento, têm o corpo feliz de ser tão seu e
tão denso em plena liberdade.

Lançam os braços pela praia fora e a brancura
dos seus pulsos penetra nas espumas.

Passam aves de agudas asas e a curva dos seus
olhos prolonga o interminável rastro no céu branco.

Com a boca colada ao horizonte aspiram longamente a
virgindade de um mundo que nasceu.

O extremo dos seus dedos toca o cimo de
delícia e vertigem onde o ar acaba e começa.

E aos seus ombros cola-se uma alga, feliz de ser tão
verde.

WOMEN BY THE SHORE

Tangling their hair with the hair
of the wind, body joyful for being so theirs and
so dense in full freedom.

Throw their arms along the beach and the whiteness
of their wrists plunges in the foam.

Birds go past acutely winged and the curve of their
eyes prolongs the endless track on the white sky.

With their mouth glued to the horizon take in at length
the virginity of a world just born.

The extremity of their fingers touches the summit of
pleasure and vertigo where the air ends and begins.

Onto their shoulders a sea-weed glues, joyful for being
so green.

PRAIA

Os pinheiros gemem quando passa o vento
O sol bate no chão e as pedras ardem.

Longe caminham os deuses fantásticos do mar
Brancos de sal e brilhantes como peixes.

Pássaros selvagens de repente,
Atirados contra a luz como pedradas
Sobem, e morrem no céu verticalmente
E o seu corpo é tomado nos espaços.

As ondas marram quebrando contra a luz
A sua fronte ornada de colunas.

E uma antiquíssima nostalgia de ser mastro
Baloiça nos pinheiros.

BEACH

The pines moan as the wind goes by
The sun beats the ground and stones burn.

Far are walking the fantastic gods of the sea
White with salt and shiny like fish.

Wild birds suddenly,
Thrown against the light like stones
Climb and perish vertically in the sky
And their body is taken up in space.

The waves charge shattering against the light
Foreheads ornate with columns.

And a most ancient longing for being mast
Sways in the pines.

BARCOS

Dormem na praia os barcos pescadores
Imóveis mas abrindo
Os seus olhos de estátua

E a curva do seu bico
Rói a solidão.

BOATS

The fishing boats sleep on the beach
Immobile though opening
Their statue-like eyes

And the curve of their beak
Gnaws at solitude.

PIRATA

Sou o único homem a bordo do meu barco.
Os outros são monstros que não falam,
Tigres e ursos que amarrei aos remos,
E o meu desprezo reina sobre o mar.

Gosto de uivar no vento com os mastros
E de me abrir na brisa com as velas,
E há momentos que são quase esquecimento
Numa doçura imensa de regresso.

A minha pátria é onde o vento passa,
A minha amada é onde os roseirais dão flor,
O meu desejo é o rastro que ficou das aves,
E nunca acordo deste sonho e nunca durmo.

PIRATE

I'm the only man on board my ship.
The rest are monsters who don't speak,
Tigers and bears I've tied to the oars,
And my contempt reigns over the sea.

I like wailing in the wind with the masts
And opening up in the breeze with the sails,
And there are moments of near oblivion
In a great quietness of return.

My land is where the wind passes,
My beloved is where the roses bloom,
My desire is the track left by birds,
And from this dream I never awake and I never
sleep.

NO MAR PASSA

No mar passa de onda em onda repetido
O meu nome fantástico e secreto
Que só os anjos do vento reconhecem
Quando os encontro e perco de repente.

UPON THE SEA GOES BY

Upon the sea goes by from wave to wave repeated
My name fantastic and secret
That only the angels of the wind recognise
As I meet and swiftly loose them.

PRAIA

As ondas desenrolam os seus braços
E brancas tombam de bruços.

BEACH

The waves unfold their arms
And white fall on their faces.

LIBERDADE

Aqui nesta praia onde
Não há nenhum vestígio de impureza,
Aqui onde há somente
Ondas tombando ininterruptamente,
Puro espaço e lúcida unidade,
Aqui o tempo apaixonadamente
Encontra a própria liberdade.

FREEDOM

Here on this beach where
There isn't the least trace of impurity,
Here where there are but
Waves tumbling ceaselessly,
Pure space and lucid union,
Here time passionately
Finds its own freedom.

MARINHEIRO REAL

Vem do mar azul o marinheiro
Vem tranquilo ritmado inteiro
Perfeito como um deus,
Alheio às ruas.

REAL SAILOR

Comes from the blue sea the sailor
He comes tranquil, in rhythm, whole
Perfect like a god
Oblivious to the streets.

POEMA INSPIRADO NOS PAINÉIS
QUE JÚLIO RESENDE
DESENHOU PARA O MONUMENTO
QUE DEVIA
SER CONSTRUÍDO EM SAGRES

I

Nenhuma ausência em ti cais da partida.
Movimento ritual, surdo rumor de búzios,
Alegria de ir ver o êxtase do mar
Com suas ondas-cães, seus cavalos,
Suas crinas de vento, seus colares de espuma,
Seus gritos, seus perigos, seus abismos de fogo.

Nenhuma ausência em ti cais da partida.
Impetuosas velas, plenitude do tempo,
Euforia desdobrando os seus gestos na hora luminosa
Do Lusíada que parte para o universo puro
Sem nenhum peso morto, sem nenhum obscuro
Prenúncio de traição sob os seus passos.

[...]

A POEM INSPIRED BY THE PANELS THAT JÚLIO RESENDE DREW FOR THE MONUMENT THAT SHOULD HAVE BEEN BUILT AT SAGRES*

I

No absence in you quay of departure.
Ritual movement, mute noise of shells,
Joy of going to watch the ecstasy of the sea
With its hound-waves, its horses,
Its manes of wind, its necklaces of spray,
Its screams, its perils, its abysses of fire.

No absence in you quay of departure.
Impetuous sails, plenitude of time,
Euphoria unfolding its gestures in the shinning hour
Of the Lusitanian who departs towards the pure universe
Rid of any dead weight, rid of any obscure
Hint of treason beneath his steps.

[...]

CAIS

Para um nocturno mar partem navios,
Para um nocturno mar intenso e azul
Como um coração de medusa
Como um interior de anémona.
Naturalmente
Simplesmente
Sem destruição e sem poemas,
Para um nocturno mar roxo de peixes
Sem destruição e sem poemas
Assombrados por miríades de luzes
Para um nocturno mar vão os navios.
Vão
O seu rouco grito é de quem fica
No cais dividido e mutilado
E destruído entre poemas pasma.

QUAY

Towards a nocturnal sea the ships go,
Towards a nocturnal sea intense and blue
Like a heart of medusa
Like an inside of anemone.
Naturally
Simply
Without destruction and without poems,
Towards a nocturnal sea purple with fish
Without destruction and without poems
Haunted by myriad lights
Towards a nocturnal sea the ships go.
Go
Their hoarse scream belongs to them who stay
In the quay divided and maimed
And destroyed among poems are at a loss.

LUSITÂNIA

Os que avançam de frente para o mar
E nele enterram como uma aguda faca
A proa negra dos seus barcos
Vivem de pouco pão e de luar.

LUSITANIA*

Those who plunge headfirst into the sea
And bury in it like an acute blade
The black prow of their ships
Live of scarce bread and moonlight.

PESCADOR

1

Irmão limpo das coisas
Sem pranto Interior
Sem introversão

2

Este que está inteiro em sua vida
Fez do mar e do céu seu ser profundo
E manteve com serena lucidez
Aberto seu olhar e posto sobre o mundo

FISHERMAN

1

Clean brother of things
Without inner tears
Without introversion

2

This who is entire in his life
Made of the sea and the sky his deep being
And kept with serene awareness
His gaze open and laid upon the world.

BARCOS

Um por um para o mar passam os barcos
Passam em frente de promontórios e terraços
Cortando as águas lisas como um chão

E todos os deuses são de novo nomeados
Para além das ruínas dos seus templos

BOATS

One by one towards the sea the boats go by
Go by in front of hills and terraces
Cutting the waters flat as a ground

And all the gods are again named
Beyond the ruins of their temples

REINO

Reino de medusas e água lisa
Reino de silêncio luz e pedra
Habitação das formas espantosas
Coluna de sal e círculo de luz
Medida da Balança misteriosa

REALM

Realm of medusas and flat water
Realm of silence, light and stone
Dwelling of astonishing forms
Column of salt and circle of light
Measure of mysterious Libra.

GRUTA DO LEÃO

Para além da terra pobre e desflorida
Mostra-me o mar a gruta roxa e rouca
Feita de puro interior
E povoada
De cava ressonância e sombra e brilho

LION'S CAVE

Beyond the land poor and flowerless
The sea shows me the purple and hoarse cave
Made of pure interior
And peopled
With hollow echo and shade and brightness

A VAGA

Como toiro arremete
Mas sacode a crina
Como cavalgada

Seu próprio cavalo
Como cavaleiro
Força e chicoteia
Porém é mulher
Deitada na areia
Ou é bailarina
Que sem pés passeia

THE WAVE

Like a bull it charges
But shakes its mane
As if ridden

Its own horse
For a horseman
Spurs and whips
But it is a woman though
Laying on the sand
Or a dancer
Strolling feetless

AS GRUTAS

O esplendor poisava solene sobre o mar. E – entre as duas pedras erguidas numa relação tão justa que é talvez ali o lugar da Balança onde o equilíbrio do homem com as coisas é medido – quase me cega a perfeição como um sol olhado de frente. Mas logo as águas verdes em sua transparência me diluem e eu mergulho tocando o silêncio azul e rápido dos peixes. Porém a beleza não é só solene mas também inumerável. De forma em forma vejo o mundo nascer e ser criado. Um grande rascasso vermelho passa em frente de mim que nunca antes o imaginara. Limpa, a luz recorta promontórios e rochedos. É tudo igual a um sonho extremamente lúcido e acordado. Sem dúvida um novo mundo nos pede novas palavras, porém é tão grande o silêncio e tão clara a transparência que eu muda encosto a minha cara na superfície das águas lisas como um chão.

As imagens atravessam os meus olhos e caminham para além de mim. Talvez eu vá ficando igual à almadilha da qual os pescadores dizem ser apenas água.

Estarão as coisas deslumbradas de ser elas? Quem me trouxe finalmente a este lugar? Ressoa a vaga no interior da gruta rouca e a maré retirando deixou redondo e doirado o quarto de areia e pedra. No centro da manhã, no centro do círculo do ar e do mar, no alto do penedo, no alto da coluna está poisada a rola branca do mar. Desertas surgem as pequenas praias.

Um fio invisível de deslumbrado espanto me guia de gruta em gruta. Eis o mar e a luz vistos por dentro. Terror de penetrar na habitação secreta da beleza, terror de ver o que nem em sonhos eu ousara ver, terror de olhar de frente as imagens mais interiores a mim do que o meu próprio pensamento. Deslizam os meus ombros cercados de água e plantas roxas. Atravesso gargantas de pedra e a arquitectura do labirinto paira roída sobre o verde.colunas de sombra e luz suportam céu e terra. As anémonas rodeiam a grande sala de água onde os meus dedos tocam a areia rosada do fundo. E abro bem os olhos no silêncio líquido e verde onde rápidos, rápidos fogem de mim os peixes. Arcos e rosáceas suportam e desenham a claridade dos espaços matutinos. Os palácios do rei do mar escorrem luz e água. Esta manhã é igual ao princípio do mundo e aqui eu venho ver o que jamais se viu. O meu olhar tornou-se liso como um vidro. Sirvo para que as coisas se vejam. E eis que entro na gruta mais interior e mais cavada. Sombrias e azuis são águas e paredes. Eu quereria poisar como uma rosa sobre o mar o meu amor neste silêncio. Quereria que o contivesse para sempre o círculo de espanto e de medusas. Aqui um líquido sol fosforescente e verde irrompe dos abismos e surge em suas portas.

Mas já no mar exterior a luz rodeia a Balança. A linha das águas é lisa e limpa como um vidro. O azul recorta os promontórios aureolados de glória matinal. Tudo está vestido de solenidade e de nudez. Ali eu quereria chorar de gratidão com a cara encostada contra as pedras.

THE GROTTOES

The splendour alighted solemn upon the sea. And – in between two rocks rising in a relationship so just that the place of Libra is perhaps there where the balance of man with things is measured – perfection almost blinds me like a sun stared straight at. But then the green waters dilute me in their transparency and I dive touching the blue and fast silence of the fish. However, the beauty I see is not only solemn but numberless. From form to form I see the world being born and created. A great red wrasse passes in front of me that I never had imagined. Clean, the light shapes hillocks and rocks. Everything is equal to an extremely lucid and awaken dream. Without a doubt a new world requires new words of us but the silence is such, and so clear the transparency, that I mutely put my face to the surface of the waters flat as a ground.

The images cross my eyes and walk beyond me. Perhaps I'll become equal to the *almadilha**, which fishermen say is nothing but water.

Are things astonished with being themselves? Who finally brought me to this place? The wave resounds in the hoarse grotto and the tide, retreating, left round and golden the quarter of sand and pebbles. At the centre of the morning, at the centre of the circle of the air and of the sea, high upon the rock, high upon the column, lands the white sea-partridge.

Desert small beaches appear.

Here are the sea and the light seen from the inside. Terror of going into the secret dwelling of beauty, terror of seeing what not even in dreams I had dared seeing, terror of facing the images more inner to me than my own thought. My shoulders slip by surrounded by water and purple plants. I cross canyons of stone and the architecture of the labyrinth hangs gnawed over the green. Columns of shadow and light hold the sky and land. Anemones surround the great room of water where my fingers touch the rose coloured sand of the bottom. And I open my eyes wide in the liquid and green silence where fast, fast the fish escape from me. Arches and rose-windows support and draw the clarity of morning spaces. The palaces of the king of the sea drip light and water. This morning is equal to the beginning of the world, and here I come to see what was never seen before.

My gaze has become smooth as glass. I am here for things to see themselves.

And now I go into the innermost grotto, the most dug in. Waters and walls are sombre and blue. I would like to deposit, like a rose on the sea, my love in this silence. I would like it to be forever contained in the circle of awe and medusas. Here, a liquid, phosphorescent and green sun bursts out of the abyss and appears at its gates.

But already over the external sea the light surrounds Libra. The line of the waters is smooth and clean as a glass. The blue shapes the hillocks with an aura of early morning glory. All is dressed in solemnity and nakedness. There I would wish to weep in gratitude, face touching the rocks.

INSCRIÇÃO

Quando eu morrer voltarei para buscar
Os instantes que não vivi junto do mar

INSCRIPTION

When I die I shall return to fetch back
The instants I didn't live by the sea

SENHORA DA ROCHA

Tu não estás como Vitória à proa
Nem abres no extremo do promontório as tuas asas
Nem caminhas descalça nos teus pátios quadrados e
caiados
Nem desdobras o teu manto na escultura do vento
Nem ofereces o teu ombro à seta da luz pura

Mas no extremo do promontório
Em tua pequena capela rouca de silêncio
Imóvel muda inclinas a prece
O teu rosto feito de madeira e pintado como um barco

O reino dos antigos deuses não resgatou a morte
E buscamos um deus que vença connosco a nossa morte
É por isso que tu estás em prece até ao fim do mundo
Pois sabes que nós caminhamos nos cadafalsos do
tempo

Tu sabes que para nós existe sempre
O instante em que se quebra a aliança do homem com
as coisas
Os deuses de mármore afundam-se no mar
Homens e barcos pressentem o naufrágio

E por isso não caminhas cá fora com o vento

No grande espaço liso da luz branca
Nem habitas no centro da exaltação marinha
O antigo círculo dos deuses deslumbrados

Mas rodeada pela cal dos pátios e dos muros
Assaltada pelo clamor do mar e a veemência do vento
Inclinas o teu rosto

Imóvel muda atenta como uma antena

LADY OF THE ROCK

You stand not at the prow like Victory
Nor do you spread your wings at the end of the headland
Nor do you walk barefoot on your square and
whitewashed patios
Nor do you unfold your mantle in the sculpture of the
wind
Nor do you offer your shoulder to the arrow of pure light

But from the end of the headland
In your tiny chapel hoarse with silence
Immobile, mute, bend over the prayer
Your face of wood painted like a ship

The realm of the ancient gods couldn't ransom death
And we seek a god to win our death with us
Which is why you're praying until the end of the world
For you know we walk upon the gallows of time

You know that for us there is always
The instant when the alliance of man with things is
broken
The marble gods sink into the sea
Men and ships foresee the wreck

And thus you walk not with the wind outside

In the great plain space of white light
Nor do you inhabit the centre of marine elation
The ancient circle of the astounded gods

But surrounded by the whitewash of patios and walls
Assaulted by the clamour of the sea and the vehemence
                                        of the wind
You incline your face

Still, mute, in attention like an antenna

ÍTACA

Quando as luzes da noite se reflectirem imóveis nas águas
verdes de Brindisi
Deixarás o cais confuso onde se agitam palavras passos
remos e guindastes
A alegria estará em ti acesa como um fruto
Irás à proa entre os negrumes da noite
Sem nenhum vento sem nenhuma brisa só um sussurrar
de búzio no silêncio
Mas pelo súbito balanço pressentirás os cabos
Quando o barco rolar na escuridão fechada
Estarás perdida no interior da noite no respirar do mar
Porque esta é a vigília de um segundo nascimento

O sol rente ao mar te acordará no intenso azul
Subirás devagar como os ressuscitados
Terás recuperado o teu selo a tua sabedoria inicial
Emergirás confirmada e reunida
Espantada e jovem como as estátuas arcaicas
Com os gestos enrolados ainda nas dobras do teu manto

ITHACA*

When the lights of the night reflect still on the green waters of
                                                    Brindisi
You'll leave the confused pier where words, oars, and cranes
                                                    trash about
Joy will be lit in you like a fruit
You'll go at the bow in between the blacks of night
With no wind, with no breeze, just a murmur of shell in silence
But by the sudden sway you'll tell the sea-capes
As soon as the ship will roll in closed darkness
You'll be lost within the night in the breathing of the sea
For this is the vigil of a second birth

The sun level with the ocean will awake you in the intense blue
You'll rise slowly like the resuscitated
Will have recovered your seal and your initial wisdom
Will emerge confirmed and reunited
Astonished and juvenile like the archaic statues
With the gestures still wrapped in the folds of your mantle

DESCOBRIMENTO

Um oceano de músculos verdes
Um ídolo de muitos braços como um polvo
Caos incorruptível que irrompe
E tumulto ordenado
Bailarino contorcido
Em redor dos navios esticados

Atravessamos fileiras de cavalos
Que sacudiam suas crinas nos alísios

O mar tornou-se de repente muito novo e muito antigo
Para mostrar as praias
E um povo
De homens recém-criados ainda cor de barro
Ainda nus, ainda deslumbrados

DISCOVERY

An ocean of green muscles
A many-armed idol like and octopus
Incorruptible chaos surging
And ordered tumult
Contorted dancer
Circling the stretched ships

We went past rows of horses
That shook their manes in the trade-winds

The sea has suddenly become very new and very ancient
To show the beaches
And a people
Of freshly created men still clay coloured
Still naked, still in wonder

DELPHICA

Desde a orla do mar
Onde tudo começou intacto no primeiro dia de mim
Desde a orla do mar
Onde vi na areia as pegadas triangulares das gaivotas
Enquanto o céu cego de luz bebia o ângulo do seu voo
Onde amei com êxtase a cor o peso a forma necessária das
conchas
Onde vi desabar ininterruptamente a arquitectura das ondas
E nadei de olhos abertos na transparência das águas
Para reconhecer a anémona a rocha o búzio a medusa
Para fundar no sal e na pedra o eixo recto
Da construção possível

Desde a sombra do bosque
Onde se ergueu o espanto e o não-nome da primeira noite
E onde aceitei em meu ser o eco e a dança da consciência
múltipla

Desde a sombra do bosque desde a orla do mar

Caminhei para Delphos
Porque acreditei que o mundo era sagrado
E tinha um centro
Que duas águias definem no bronze de um voo imóvel e pesado

Porém quando cheguei o palácio jazia disperso e destruído
As águias tinham-se ocultado no lugar da sombra mais antiga
A língua torceu-se na boca de Sibila

A água que primeiro eu escutei já não se ouvia

Só Antinoos mostrou o seu corpo assombrado
Seu nocturno meio-dia

Delphos, Maio de 1970

DELPHICA

From the edge of the sea
Where all begun intact in the first day of me
From the edge of the sea
Where I saw the triangular tracks of seagulls upon the sand
While the light-blinded sky drank the angle of their flight
Where I loved ecstatic the necessary colour, weight, form of
shells
Where I saw the architecture of the waves ceaselessly crumble
And swam open eyed in the waters' transparency
To recognize the anemone, the rock, the shell, the medusa
To found in salt and stone the straight axis
Of the possible construction

From the shadow of the wood
Where the awe and namelessness of the first night rose
And where in my being I accepted the echo and the dance of
multiple consciousness
From the shadow of the wood, from the edge of the sea

I walked to Delphos*
In belief that the world was sacred
And had a centre
That two eagles outline upon the bronze of a flight immobile
and heavy

But when I arrived, the palace laid scattered and destroyed
The eagles had hid in the place of the most ancient shadow

The tongue coiled inside the mouth of Sybil*
The water I first had heard could be heard no longer

Only Antinoos*displayed his haunted body
His nocturnal noon

Delphos, May 1970

INICIAL

O mar azul e branco e as luzidias
Pedras – O arfado espaço
Onde o que está lavado se relava
Para o rito do espanto e do começo
Onde sou a mim mesma devolvida
Em sal espuma e concha regressada
À praia inicial da minha vida

INITIAL

The sea blue and white and the gleaming
Stones – the breathless space
Where what is cleansed re-cleanses
For the rite of awe and commencement
Where I am to myself given back
In salt, foam and shell returned
To the initial beach of my life.

HÁ MUITO

Há muito que deixei aquela praia
De grandes areais e grandes vagas
Mas sou eu ainda quem na brisa respira
E é por mim que espera cintilando a maré vasa

LONG AGO

Long ago I left that beach
Of wide sands and great breakers
But yet it's me who breaths in the breeze
And it's me that the ebb-tide, scintillating, awaits.

EM HYDRA, EVOCANDO FERNANDO PESSOA

Quando na manhã de Junho o navio ancorou em Hydra
(E foi pelo som do cabo a descer que eu soube que ancorava)
Saí da cabine e debrucei-me ávida
Sobre o rosto do real – mais preciso e mais novo de que o
imaginado

Ante a meticulosa limpidez dessa manhã num porto
Ante a meticulosa limpidez dessa manhã num porto de uma ilha
grega

Murmurei o teu nome
O teu ambíguo nome

Invoquei a tua sombra transparente e solene
Como esguia mastreação de veleiro
E acreditei firmemente que tu vias a manhã
Porque a tua alma foi visual até aos ossos
Impessoal até aos ossos
Segundo a lei de máscara do teu nome

Odysseus – Persona

Pois de ilha em ilha todo te percorreste
Desde a praia onde se erguia uma palmeira chamada Nausikaa
Até às rochas negras onde reina o cantar estridente das sereias

O casario de Hydra vê-se nas águas
A tua ausência emerge de repente a meu lado no deck deste
barco

E vem comigo pelas ruas onde procuro alguém

Imagino que viajasses neste barco
Alheio ao rumor secundário dos turistas
Atento à rápida alegria dos golfinhos
Por entre o desdobrado azul dos arquipélagos
Estendido à popa sob o voo incrível
Das gaivotas de que o sol espalha impetuosas pétalas

Nas ruínas de Epheso na avenida que desce até onde esteve
o mar
Ele estava à esquerda entre colunas imperiais quebradas
Disse-me que tinha conhecido todos os deuses
E que tinha corrido as sete partidas
O seu rosto era belo e gasto como o rosto de uma estátua roída
pelo mar

Odysseus

Mesmo que me prometas a imortalidade voltarei para casa
Onde estão as coisas que plantei e fiz crescer
Onde estão as paredes que pintei de branco

Há na manhã de Hydra uma claridade que é tua
Há nas coisas de Hydra uma concisão visual que é tua
Há nas coisas de Hydra a nitidez que penetra aquilo que é
olhado por um deus
Aquilo que o olhar de um deus tornou impetuosamente
presente –
Na manhã de Hydra
No café da praça em frente ao cais vi sobre as mesas
Uma disponibilidade transparente e nua
Que te pertence

O teu destino deveria ter passado neste porto
Onde tudo se torna impessoal e livre
Onde tudo é divino como convém ao real

Hydra, Junho de 1970

IN HYDRA, EVOKING FERNANDO PESSOA*

When the ship anchored at Hydra in the June morning
(and it was the sound of the plunging cable that told me we
anchored)
I left the cabin and bent avidly
Over the face of the real – more precise and newer than the one
imagined

Before the meticulous cleanliness of that morning in a port
Before the meticulous cleanliness of that morning in a port of
a Greek island

I whispered your name
Your ambiguous name

Evoked your shadow transparent and solemn
Such as the slim masts of a sailing boat
And firmly believed that you saw the morning
Because your soul was visual to the bone
Impersonal to the bone
According to the mask law of your name

Odysseus – Persona*

For you travelled the whole of yourself from isle to isle
From the beach where a palm tree called Nausikaa* grew
To the black rocks where the strident song of the sirens reigns

The houses of Hydra can be seen on the waters
Your absence emerges suddenly by my side on the deck of the ship

And escorts me along the streets where I know no one

I imagine you'd travel on this ship
Unaware of the secondary noise of tourists
Aware of the quick joy of dolphins
Among the unfolded blue of the archipelagos
Laying on the stern under the incredible flight
Of gulls of which the sun scatters impetuous petals

At the ruins of Ephesus*, at the avenue that goes down to where
the sea used to be
He was to the left between the broken imperial columns
Told me he'd known all the gods
And had travelled the four corners
His face was beautiful and worn like the face of a statue bitten
by the sea

Odysseus

Even if you promise me immortality I'll return home

Where things are that I've planted and grown
Where the walls are that I painted in white

There is in the morning of Hydra a clarity that belongs to you
There is in the things of Hydra a visual concision that belongs
to you
There is in the things of Hydra the clearness that penetrates
what is seen by a god
That which the gaze of a god rendered impetuously present –
In the morning of Hydra
At the piazza café opposite the pier I saw upon the tables
An availability transparent and naked
That belongs to you

Your destiny should have passed through this port
Where all becomes impersonal and free
Where everything is divine as befits the real

Hydra, June 1970

O MINOTAURO

E<small>m</small> Creta
Onde o Minotauro reina
Banhei-me no mar

Há uma rápida dança que se dança em frente de um toiro
Na antiquíssima juventude do dia

Nenhuma droga me embriagou me escondeu me protegeu
Só bebi retsina tendo derramado na terra parte que pertence aos
deuses

De Creta
Enfeitei-me de flores e mastiguei o amargo vivo das ervas
Para inteiramente acordada comungar a terra
De Creta
Beijei o chão como Ulisses
Caminhei na luz nua

Devastada era eu própria como a cidade em ruína
Que ninguém reconstruiu
Mas no sol dos meus pátios vazios
A fúria reina intacta
E penetra comigo no interior do mar
Porque pertenço à raça daqueles que mergulham de olhos abertos
E reconhecem o abismo pedra a pedra anémona a anémona flor
a flor

E o mar de Creta por dentro é todo azul
Oferenda incrível de primordial alegria
Onde o sombrio Minotauro navega

Pinturas ondas colunas e planícies
Em Creta
Inteiramente acordada atravessei o dia
E caminhei no interior dos palácios veementes e vermelhos
Palácios sucessivos e roucos
Onde se ergue o respirar de sussurrada treva
E nos fitam pupilas semi-azuis de penumbra e terror
Imanentes ao dia –
Caminhei no palácio dual de combate e confronto
Onde o Príncipe dos Lírios ergue os seus gestos matinais

Nenhuma droga me embriagou me escondeu me protegeu
O Dionysos que dança comigo na vaga não se vende em nenhum
                                                                                        mercado negro
Mas cresce como flor daqueles cujo ser
Sem cessar se busca e se perde se desune e se reúne
E esta é a dança do ser

Em Creta
Os muros de tijolo da cidade minóica
São feitos de barro amassado com algas
E quando me virei para trás da minha sombra
Vi que era azul o sol que tocava o meu ombro

Em Creta onde o Minotauro reina atravessei a vaga
De olhos abertos inteiramente acordada
Sem drogas e sem filtro

Só vinho bebido em frente da solenidade das coisas –
Porque pertenço à raça daqueles que percorrem o labirinto
Sem jamais perderem o fio de linho da palavra

Outubro de 1970

THE MINOTAUR*

In Crete
Where the Minotaur reigns
I bathed in the sea

There is a rapid dance that is danced before a bull
In the very ancient youth of the day
No drug altered me, hid me, protected me
I just drunk *retsina* pouring on the ground the part that
belongs to the gods

Of Crete
I adorned myself with flowers and bit the live sourness
of grass
To commune entirely awaken with the land
Of Crete
I kissed the ground like Ulysses*
I walked in the naked light

Devastated, I was myself like the ruined city
Which no one rebuilt
But in the sun of my empty patios
Fury reigns intact
And penetrates with me the inside of the sea

Because I am of the race of those who dive open eyed
And recognize the abyss stone by stone, anemone by
anemone, flower by flower
And on the inside the sea of Crete is all blue
An incredible offer of primordial joy
Where the sombre Minotaur navigates

Paintings, waves, columns, and plains
In Crete
Entirely awaken I crossed the day
And walked inside palaces vehement and vermillion
Successive and hoarse palaces
Where the breath of murmured darkness rises
And semi-blue pupils of penumbra and fright stare at us
Immanent to the day –
I walked in the dual palace of combat and confrontation
Where the Prince of Lilies* lifts his morning gestures

No drug altered me, hid me, protected me
The Dionysus* who dances with me in the wave is not
                              sold at any black market
But grows like a flower such as those whose being
Relentlessly seeks itself and looses itself, disunites and
                              reunites
And this is the dance of being

In Crete
The brick walls of the Minoan city
Are made of clay kneaded with seaweed
And when I turned back from my shadow
I saw that the sun touching my shoulder was blue

In Crete where the Minotaur reigns I crossed the wave
Open eyed, entirely awaken
Without drugs and without filter
Just wine drank facing the gravity of things –
For I am of the race of those who roam the labyrinth
Without ever losing the linen thread of the word

October 1970

OS NAVEGADORES

O múltiplo nos inebria
O espanto nos guia
Com audácia desejo e calculado engenho
Forçámos os limites –
Porém o Deus uno
De desvios nos protege
Por isso ao longo das escalas
Cobrimos de oiro o interior sombrio das igrejas

THE NAVIGATORS

The multiple inebriates us
Astonishment guides us
With daring and desire and measured craft
We've forced the limits –
But the One God
Keeps us from straying
Which is why along ports of call
We covered in gold the sombre inside of churches

PROMONTÓRIO

No promontório o muro nada fecha ou cerca.
Longo muro branco entre a sombra do rochedo
E as lâmpadas da água.
No quadrado aberto da janela o mar cintila
Coberto de escamas e brilhos como na infância.

O mar ergue o seu radioso sorrir de estátua arcaica
Toda a luz se azula.
Reconhecemos nossa inata alegria:
A evidência do lugar sagrado.

HEADLAND

On the headland the wall doesn't enclose or surround.
Long white wall between the shadow of the rock
And the lamps of the water.
In the window's open square the sea scintillates
Covered in scales and sparks as in childhood.

The sea lifts its archaic statue's radiant smiling
The whole of light turns blue.
We acknowledge our innate joy:
The evidence of the sacred place.

ONDAS

Onde – ondas – mais belos cavalos
Do que estes ondas que vós sois?
Onde mais bela curva do pescoço
Onde mais bela crina sacudida
Ou impetuoso arfar no mar imenso
Onde tão ébrio amor em vasta praia?

Dezembro de 1989

WAVES

Where else – waves – horses more stunning
Than these waves thou art
Where else curve of necks more stunning
Where else shaken mane more stunning
Or impulsive breath on the immense sea
Where else such drunken love upon a vast beach

December 1989

NOTES TO THE POEMS

SUNKEN SHIP, page 29

Medusa is an archaic term for the class of marine invertebrates known as jellyfish

ENDIMYON, page 31

In Greek mythology, Endymion is the lover of the moon goddess Selene, who begged Zeus to grant this shepperd boy everlasting life. On Mount Latmos he sleeps an eternal sleep from which Selene awakes him every night.

POEM INSPIRED BY...., page 53

The Sagres headland was the site of a navigation academy established by Prince Henry the Navigator in the 15th century that was instrumental for the onset and progress of Portuguese maritime discoveries.

LUSITANIA, page 57

Latin name of the westernmost Province of the Roman Empire, roughly corresponding to modern Portugal.

THE GROTTOES, page 70

The *almadilha* is a species of marine invertebrate.

ITHACA, page 79

Ithaca – In Greek myth, Ionian island rulled by Odysseus (Ulysses).

DELPHICA, page 84

Delphos – Site perched in the Gulf of Corynth in Greece, where the Temple of Apollo and the Oracle are located. According to myth, Zeus released two eagles from opposite sides of the Earth who intersected at Delphos marking the centre of the world.

The Sybil, or Pythoness (for according to legend Apollo killed a python on the site of the former temple of Gea – the goddess of the Earth), was the female intermediary of the god Apollo who entered a trance to answer the pilgrims questions.

Antinoos was one of the suitors of queen Penelope killed by Odyssseus upon his return to Ithaca.

IN HYDRA EVOKING FERNANDO PESSOA, page 93

Fernando Pessoa (1888-1935), the most important Portuguese poet of universal 20th century literature.

Hydra is one of the Argo-Saronic islands of Greece.

Persona – is the Latin term for 'person' but also for 'mask', 'pessoa', the surname of the poet, translates as 'person' in English. Fernando Pessoa created a universe of heteronyms to which this term ('mask') alludes comparing him to a navigator of his own sclf.

Nausikaa – In the *Odyssey*, the daughter of king Alkinoos of Skeria.

Ephesus   Ancient Ionian city on the coast of modern Turkey. One of the most important cities of the ancient Mediterranean world.

THE MINOTAUR, page 98

Minotaur – Bull-headed man condemned by King Minos to imprisionment in the labyrinth built by Dedalus on the Island of Crete.

Ulysses or Odysseus, was the king of Ithaca and one of leaders of the Trojan War immortalised by Homer in the *Odyssey*.

The Prince of Lilies is a Minoan character represented on the frescoes of the Palace of Knossos in Crete.

Dyonisus – In Greek mythology, the god of wine, agriculture, fertility and the stage.

www.ingramcontent.com/pod-product-compliance
Lightning Source LLC
Chambersburg PA
CBHW022033090426
42741CB00007B/1045